D1723648

Resim Bilmeceli Klasik Masallar Kitabınızı Kullanırken:

—Masalı okumaya başlayın. Sözcüklerin yerine resimle karşılaşınca, orada olması gereken sözcüğün ne olabileceğini tahmin etmeye çalışın.

—Bulamadıysanız kitabınızın en arkasında bir resim sözlüğü var. Her masal için ayrı ayrı gruplanmış olan resimlerden doğru sözcüğü bulun.

—Sözlükte her resmin karşılığı yalnızca bir kez verilmiştir. Bu da belleği geliştirmeye yönelik bir uygulamadır.

—İyi eğlenceler...

Çiçek Yayıncılık

© **ÇİÇEK YAYINCILIK, 2006**
© SUSAETA EDICIONES, S.A.
Güven Sk. No:20 Fikirtepe
Kadıköy İstanbul 34720
Tel: 0216 545 52 57
Faks: 0216 545 52 58
info@cicekyayincilik.com

Sayfa Düzeni: Marta Masdeu
Türkçe Üretim: Mavibulut

ResimBilmeceli
Klasik Masallar

Resimler: Marifé González
Uyarlayan: Ana Serna-Vara
Türkçesi: Nazlı Karamehmet

Çiçek

Pamuk Prenses

Bir , uzak bir ülkedeki bir , bir

 da yanında oturmuş dikiş dikmekteymiş.

Aniden yi yanlışlıkla larından birine

batırınca, akmaya başlamış. hemen

bir dilekte bulunmuş:

"Teni  kadar beyaz,  ı,

 gibi ,

 ı  gibi

 bir kızım

olsa!"

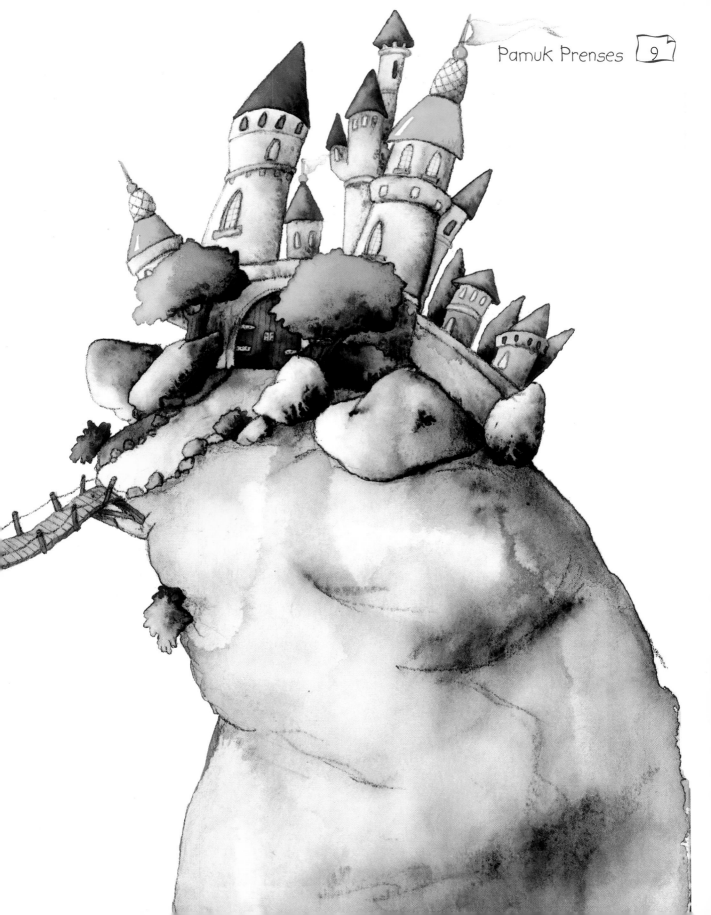

Aradan bir yıl geçmiş ve dileği

gerçek olmuş. Çok güzel bir doğmuş

ve adını koymuşlar.

Ne yazık ki, doğum yaptıktan bir gün sonra

ölmüş. tekrar, güzel ama çok kötü kalpli bir

 ile evlenmiş. Bu kadının sihirli bir sı

varmış ve her gün ona şu soruyu sorarmış:

"Ey , bu de en güzel kim?"

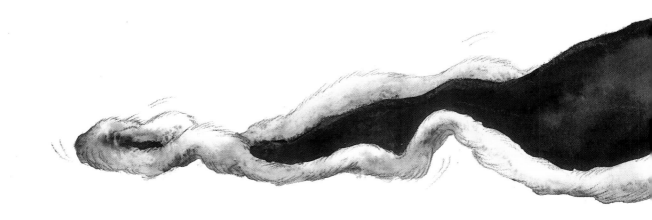

Ve her zaman aynı cevabı verirmiş:

"Sensin ey m, sensin bu

 deki en güzel ."

Aradan yıllar geçmiş ve güzel

 leri ve süslü ları ile,

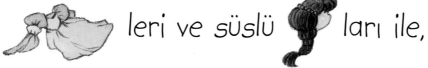 ya tekrar aynı soruyu sormuş:

"Bu krallıktaki en güzel kim?"

Ve  yanıtlamış:

" en güzel . Üvey kızınız büyüdü.

Artık bir değil. Çok güzel bir oldu."

 önce ,

sonra  olmuş.

O kadar sinirlenmiş ki,

neredeyse sinirinden

ölüyormuş.

"Onu öldürmeliyim!" diye

bagırmış .

Bir çağrılmasını

emretmiş ve ona

'i a

götürerek orada

öldürmesini emretmiş.

 ,  'i alıp 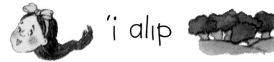 a götürmüş. Orada ona

acımış ve demiş ki:

"  da saklan ve kesinlikle, asla a

dönme. seni öldürtmek istiyor.

 bir vurmuş ve , gibi organlarını

çıkarıp emirleri yerine getirdiğini kanıtlamak için

 ye götürmüş.

Gece olmuş ve çok korkmuş olan

bir görmüş.

Kapıyı çalmış ama yanıt veren olmamış.

 yı açmış ve çevresinde   , üstünde

bulunan bir görmüş.

Her tan bir parça yemiş ve

en büyük yatağa yatıp uyuyakalmış.

olunca, sahipleri geri dönmüşler.

Burası, bulmak için ormandaki

 de kazı yapan **7**  nin eviymiş.

 ler evlerine birinin evlerine girdiğini fark

edince çok şaşırmışlar.

 lerden bir tanesi uyumakta olan

 'i bulmuş.

Bütün rahatça uyuması için ona ilişmemişler.

Ertesi sabah uyandığında, ona kim olduğunu

sormuşlar. Onlara hikâyesini anlatan

o günden sonra onlarla kalmaya başlamış.

Aradan zaman geçmiş. dünyadaki en güzel

 olduğundan eminmiş artık. Bir gün gene

 ya sormuş:

"Sihirli , söyle bana, en güzel kim

bu de?"

Ve cevap vermiş:

"Ormanda  ler ile aynı  de

yaşayan  !"

kılık değiştirerek bir olmuş,

 ünü boyamış ve  lerin ine

doğru yola koyulmuş.

"Güzel  ler, değerli ler

satıyorum!" diye bağırmaya başlamış.

 onu duyar duymaz  ı için bir

 almak istemiş. Üvey annesi eline bir

 almış, 'in ına dolamış.

Genç kız neredeyse...

...ölü halde e yığılıncaya kadar kuvvetle sıkmış,

sonra da sevinç içinde a doğru koşmuş.

 ler, e dönünce  de yatan

 'i görmüşler.  yi kesince

kendine gelmiş.

, bir  giymiş ve tekrar

 karşısına geçmiş.

"Bu de en güzel kim?

"Sen güzelsin, ama daha güzel!" diye

yanıtlamış .

Birkaç gün sonra  farklı bir

giymiş, larla dolu bir  almış ve

 lerin  ine doğru yola koyulmuş.

"   satıyorum. Güzel  ın için

bir tane  istemez misin?" diye

sormuş  ,  'e.

Elindeki zehirliymiş ve bu sözlerle 'i

kandırıp,  ına saplamış. Genç kız baygın bir

halde yere yığılmış.  ler döndükleri

zaman, zehirli tan onu kurtarmışlar.

kendine gelip  ini açmış.

Ama ,  'in yaşadığını yine öğrenmiş ve

bu kez zehirli bir hazırlamış. Bunu

 'e ikram etmiş. Genç kız yı ısırır ısırmaz

cansız bir halde e düşmüş.

 ler onu uyandırmaya çalışmışlar ama

başaramamışlar. Çok üzgün bir halde onu kristalden

yapılmış bir içine koymuşlar ve  a

 lerin arasına

bırakmışlar.

O sırada komşu ülkeden gelen bir oradan

geçmekteymiş.  'i görmüş ve âşık olmuş.

Genç kızı ına götürürken ayağı bir a

takılmış ve zehirli ,  'in boğazından

fırlayıvermiş. Uyanıp i görünce o da ona

âşık olmuş. Ertesi gün büyük bir  yaparak

evlenmişler.

Orman Çocuğu

ların derinliklerinde Bagheera adında bir

  sakince dolaşmaktaymış.

Birden ın arasında hareket eden

bir şey görmüş.

"Çok acıktım ve sanırım öğle yemeğim orada beni beklemekte," diye düşünmüş . Kıpırdayan şeyin bir ya da bir olduğunu sanarak sessizce yaklaşmış, koklamış ve....

Sürpriiiiiiiiiz!

Bu bir veya bir  değilmiş.

Orada arasına saklanmış bir

 varmış. içinde hareket

eden canlı bir şey varmış.

 avını daha iyi için

yaklaşmış. Bu nasıl bir hayvanmış böyle?

Buraya kadar da nasıl gelmiş?

"Hayır olamaz! Bu bir insan!"

 ,  e yaklaşınca neşeyle

 atmış. "Ne kadar tuhaf!

Başında ı yok! i yumuşak ve

 . ,  için çok üzülmüş.

Çocuk için en uygun olanın  la beraber

kalması olduğuna karar vermiş. **2** saniye bile

düşünmeden onu ya taşımış.

"Selam arkadaşlar!" diye selamlamış

 ı. "Bakın size ne getirdim. Bu bir insan

yavrusu. Onu demin ın arasında buldum.

"Ona ben bakamam ki. Bir

 , , ister.

"Ben bir avcıyım. Hayatım tehlikelerle dolu.

Düşündüm ki burada niz ile birlikte mutlu olur

ve kimse ona zarar veremez."

 , ve  ,

 için büyük bir şefkat duymuşlar.

Ona anlamına gelen 'Mowgli' adını koymuşlar

çünkü çok yumuşak i varmış ve ı

yokmuş.  ve , onu kendi leri,

kendi  ı gibi yetiştirmiş.

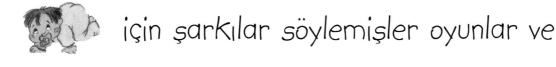

"İyi ki doğdun, iyi ki doğdun, üfle bakalım seni

koca 🐘! **1**, **2**, **3**, **4**,

5, **6**, **7**, **8**, **9**, **10** !" diye

için şarkılar söylemişler oyunlar ve

kahkahalar arasında.

 göründüğünde, çok mutlu olmuş

fakat   in ü endişeliymiş.

 ve ona nesi olduğunu sormuşlar.

"  için endişeliyim. Bana söylendiğine göre,

 yiyen  Shere Khan, onun burada

sizinle yaşadığını öğrenmiş ve onun için gelecek. Onu

diğer la birlikte yaşayabileceği bir yere

götürmeliyiz," diye cevap vermiş.

"Hayır,  bizim yavrumuz. Konseyi

ile konuşacağız."

"Onlar bize ne yapmamız gerektiğini söylerler," diye eklemiş ve üzgün bir halde.

, gibi değildir. ın

olduğu yere gitmesi gerekir," diye

emretmiş Konseyi.

ve insanların olduğu

yere doğru yol almışlar.

in başka tarafa bakmasından

yararlanan kaçmış, çünkü onu

a terk etmelerini istemiyormuş.

Birden bir ıslık sesi duymuş, tam arkasında Ka

isimli bir , ine bakmış ve onu

ipnotize etmiş. hayvanın ı

arasında sıkışmış.

Ka,  için gelmiş çünkü

 Shere Kan'ın arkadaşıymış ve ona

çocuğun nerde olduğunu haber verecekmiş.

Aniden gümbürdemeye ve çatırdamaya

başlamış. Neler oluyor?  yaklaşmaktaymış!

Bir çocuğu selamlamış.

 , **4** üstünde yürüyerek onları

taklit etmeye başlamış.

 , Hathi adında çok büyük, uzun

  i olan kızgın bir

 tarafından uzaklaştırılmış.

"Ha, ha, ha! Ne kadar da korktun Ranita!" diyerek

şakacı ayı belirmiş. sevgili arkadaşı

 'yu görünce, ona sarılmış.

Sonra beraber yapmışlar, etmişler ve

son olarak da  de yüzmüşler. O sırada

 bir  ından inen çok yaramaz

birkaç tarafından kaçırılmış ve onu

terkedilmiş bir 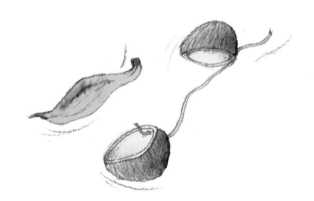 ta bırakmışlar.

 nden yapılmış bir ve

 larından oluşan bir ile kılık

değiştirmiş ve onu kurtarmış.

Önlerinde  belirmiş ve olanları,

 Shere Kan'ın çok yaklaştığını,

 ile ların olduğu

bir e doğru yola çıkmaları

gerektiğini söylemiş. "Bunun sözünü

bile etmeyelim!" demiş .

"Onu aramaya gideceğim.

Onu nasıl yeneceğimi biliyorum."

Bunu söyleyerek hızla oradan uzaklaşmış.

 bütün hayvanların ten

korktuğunu hatırlamış.

Eline yanan bir alarak kötü kalpli

 ın karşısına çıkmış, o da korku çığlıkları

atarak ları yanmış bir halde oradan kaçmış,

bir daha da dönmemiş.

bütün hayvanları  dan kurtardığı

için kahraman ilan edilmiş. Bir gün bir

kenarında bir ın şarkı söylediğini duymuş.

Hemen ona  âşık olmuş ve onun peşinden

çok uzaklara

gitmiş.

Sihirli
Fasulye
Ağacı

 da küçük bir de Jak adında bir

 ile si yaşarlarmış. Hiç

 sı yokmuş ve neredeyse her

yemek yemeden yatarlarmış.

Sahip oldukları tek şey bir  miş

ve bir gün onu satmaya karar vermişler.

"  oğlum," demiş si üzüntüyle.

"Yarın a gideceksin.  çok değerli.

Satarsak bize çok verirler.

, sine veda etmiş. Şehre giden

 da yürürken içi le dolu bir

 taşıyan bir la karşılaşmış. Adam

 'a bunların sihirli olduğunu söylemiş.

sihirli  i,  ile değiştirmeye

karar vermiş. anlaşmayı yapmış ve koşarak

gözden kaybolmuş.

mutluluktan uçarak e dönmüş.

 si onu görünce sormuş:

"  için sana kaç verdiler?

"Hiç!" demiş . "Onları bu sihirli

 ile değiştirdim.

" karşılığında sadece bu 𝄞𝄞𝄞 i mi

aldın?" diye sormuş umutsuzluk içinde si.

"Aman oğlum, seni kandırmışlar!"

 si, in **4** tanesini e atmış ve

sonuncusunu ısırarak öfkeyle bahçeye fırlatmış.

Ertesi , kalkmış ve nin çok büyüyüp dev bir  haline geldiğini görmüş.

bu yüksek nereye kadar

uzanıyor diye merak edip tepesine

tırmanmaya başlamış. En tepeye

geldiğinde bir 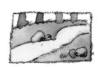 ayrımında duran

bir görmüş:

" , sen beni tanımazsın ama ben

sen ve n hakkında birçok şey

biliyorum. Biliyorum ki, senin n

bu  da yaşayan bir

tarafından  sı için öldürüldü.

öfke içinde in oturduğu ya

gitmiş ve yı çalmış. Kapıyı bir açmış ve

ona sormuş: "Burada ne yapıyorsun?"

"  yi bu da geçirebilir miyim acaba?"

demiş  .

"Biliyorsun ki benim kocam bir ve eğer seni

görürse bir dakikada yutuverir!" diye uyarmış

 onu. Fakat o kadar çok ısrar

etmiş ki, kalmasına izin vermiş. Bir süre

sonra bütün yu sarsan korkunç

bir duyulmuş.

içeri girer girmez bağırmaya başlamış:

"  i kokusu alıyorum."

"Sana lezzetli bir  hazırlamıştım, onun

kokusunu almışsındır," demiş .

 ,  ten sonra birkaç

 içmiş. Daha sonra karısından ona

 larının bulunduğu  yi

getirmesini istemiş. Onları

birer birer saymış ve

uykuya dalmış.

saklandığı yerden çıkmış,

dolu yi almış ve hemen e dönmüş.

Hepsini harcayınca kılık değiştirmiş ve

 den çıkan tan yukarı doğru tırmanarak

 ya gelmiş ve in karısı olan dan

ona kalacak yer ve  vermesini rica etmiş.

 ona tehlikeyi anlatmış ve onu in

içine saklamış. eve girince bağırmaya

başlamış: "Bir   i kokusu alıyorum!"

 onun dikkatini dağıtmak için akşam yemeğini

getirmiş: ve .

Yemek bitince ona yumurtlayan bir

 getirmiş.

"Hemen bir yumurtla, çabuk ol!"

ı satarak kendilerine  ,

 ve daha bir sürü şey almışlar.

Çok mutlu yaşıyorlarmış ama

her uyumadan önce ın ona

 hakkında anlattıklarını

düşünüyormuş.

Öyle ki sonunda , tan yukarı

tırmanarak in suna gitmeye karar

vermiş. Bu sefer onu tanımasın

diye yı çalmamış, bir  den içeri girerek,

bir  içine saklanmış.

, ya dönünce havayı koklamış ve

bağırmış:

"  i kokusu alıyorum!"

"Sıktın artık sen de! Hadi akşam yemeğini ye, zaten

geç oldu!" demiş .

 yemeğini yemiş ve ondan

 ını getirmesini istemiş. Onu ine almış

ve şöyle bağırmış:

"Çal!"

Ve ın tellerinden ♫♪ dökülmeye başlamış.

 uykuya dalmış.

saklandığı yerden çıkmış ve ı kaptığı gibi kaçacakken, bağırmaya başlamış:

"Sahibim, sahibim, uyan!"

 uyanmış ve tan inmeye başlamış.

Aşağıya varınca , sinden ona bir

getirmesini istemiş ve birkaç güçlü vuruşla

devrilmiş. , e düşüp boğulmuş.

 yumurtlayan ve

sahibi olan ve  si

hep mutlu yaşamışlar.

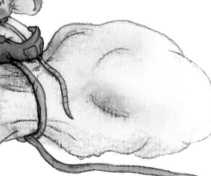

Bambi

 içinde herkes ne kadar da neşeliymiş! ve  çok güzel bir

 dünyaya getirmişler ve adını da

 Koymuşlar.

 daki bütün hayvanlar onları ziyaret

etmeye gitmişler: ,  ,

 lar,  ,  ler

ve lar.

ayaklarının üstünde durmayı öğrenir

öğrenmez arkadaşlarıyla oyunlar oynamaya,

yaramazlıklar yapmaya başlamış.

 ile zaman ne kadar da eğlenceli

geçiyormuş! Beraberce  daki

 ların arasında saklambaç oynamışlar,

 lerini kollarına takıp ve

 onlara lezzetli ler yapsın

diye ve toplamışlar.

Sonunda gelmiş! Oysa arkadaşlarıyla ne

kadar da eğleniyormuş!

Kuru lar büyük oluşturuyorlar, sanki

yumuşacık bir gibi üstüne uzanıyorlarmış.

Fakat en çok hoşlarına giden şey

 ın topladığı i kaçırıp

 ların larına saklamakmış.

"Ha, ha! Seni yine vurdum!" diye bağırmış .

 ona bir sürü atarken, zavallıcık hiç

birinden kaçamadığı için başı dönmüş.

farkına bile varmadan dan bir

 oluvermiş.

"Yeter artık, ! Başka bir şey oynayalım,"

demiş arkadaşına.

"Pekala, kızma!" diye cevap vermiş . "Haydi

şimdi de donmuş olan   yunun üstünde

 istiyorum.

 denemiş ama ların üstüne

düşmüş. "Haydi, kalk ayağa! Bana tutun,"

demiş .

"Tabii senin için kolay. Senin, üstünde

bir gibi kayabilen tam **2**

büyük sahibisin. Oysa ben, birbirine

dolanan **4** uzun ve zayıf sahibiyim...

İşte, yine düşüyorum," demiş

 kızgınlıkla.

"Bir daha düştün işte! Ha, ha, ha! Senin  ların ya, ya da ye benziyor," demiş . Bir yandan da kahkahadan lere yıkılıyormuş.

ve  günlerini oynayarak eğlenerek

geçiriyorlarmış. 'ye sık sık şu uyarıyı

yapıyormuş:

" , sakın uzaklara gitme. İlerde bir

 var. Karşı kıyısına geçmeye kalkma.

Oradaki lar sana zarar verebilir."

 bu sözlere uyarak uzaklara gitmemeye

çalışırmış.

Bir gün oyuna dalmış ve onu uyarmış olmasına rağmen uzaklara gitmiş.

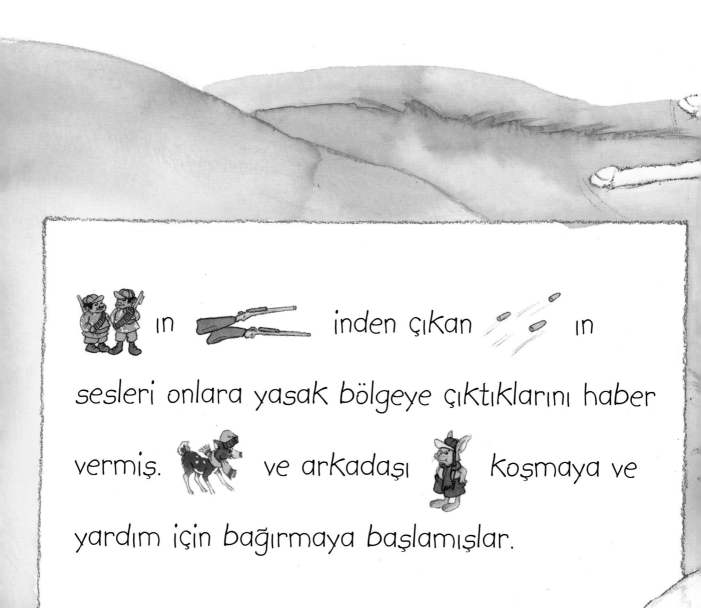

ın inden çıkan ın sesleri onlara yasak bölgeye çıktıklarını haber vermiş. ve arkadaşı koşmaya ve yardım için bağırmaya başlamışlar.

ve  bağıra çağıra koşarken

onların seslerini duymuş ve yardıma koşmuş.

 dan birinin bir a nişan aldığını

görünce onun önüne atlamış.

  lara hedef olmuş ve ağır yaralı

olarak e yığılmış, bir süre sonra da ölmüş.

Zavallı çok yalnız ve mutsuz kalakalmış.

 ve o günü hiç unutmamışlar.

Bir daha da asla uzaklara gitmemişler.

Aradan yıllar geçmiş ve arkadaş

birlikte büyümüşler.

 çok çevik ve zarif, büyük ı

olan bir  olmuş.

Bir gün ormanda gezinirlerken çok güzel bir

le karşılaşmışlar. Adı Falina'ymış.

Falina'yı görür görmez ona âşık

olmuş. de ona âşık olmuş.

 o sırada orada bulunan  e

 ini kırpmış ve haylazca gülümseyerek

bağırmış: "Ah, aşk!"

O anda i sarsan büyük bir gürültü

duymuşlar.

 daki bütün korku içinde

bağrışarak koşuyorlarmış:

"Yangın vaaaaar!"

büyük bir hızla yaklaşan ve ı

görünce bağırmış:

"Çabuk, hepiniz peşimden gelin! bizi korur

güvenlidir, oraya doğru gidelim."

 ,  daki bütün ı güvenli bir yere

götürmüş. O günden sonra adı ' ın Prensi"

olmuş ve bütün tarafından çok sevilip

saygı görmüş.

Kırmızı Başlıklı Kız

Bir zamanlar çok iyi kalpli ve güzel bir

yaşarmış. Ona Kırmızı Başlıklı Kız derlermiş, çünkü

her zaman sinin hediye ettiği Kırmızı başlıklı

bir giyermiş. Bir gün si ona şöyle demiş:

"Bugün hasta olan nin ine gidecek, ona

 ve bir maşrapa götüreceksin.

 dan geçerken tanımadığın kişilerle

konuşma."

 koluna ini takmış ve sine veda edip

yola koyulmuş.

 a gelince  toplamış  ,  ve  ile oynamış.

Oradan geçmekte olan bir  , ı görmüş

ve yaklaşarak sormuş:

"Tatlı  !

Ne yapıyorsun da?"

"Çok hasta olan mi ziyarete ine

gidiyorum," diye cevap vermiş .

"Söylesene, bu in içinde ne taşıyorsun?" diye

sormuş .

" min yaptığı çok lezzetli bir ve çabuk

iyileşsin diye bir maşrapa ."

" n nerede oturuyor?" diye sormuş  .

"Şu un sonunda," demiş .

Kötü kalpli hayvan ona veda etmiş. Koşarak

 nin ine gelmiş ve yı çalmış.

"Kim o?" diye sormuş yaşlı kadın.

"Benim, !" diye cevap vermiş

sesini değiştirerek.

 onu içeri almış.

Kadıncağız, da bir görünce

 tan fırladığı gibi, bir bulup içine

saklanmış. , nin giysi dolabından bir

 , bir de almış ve onun lerini

takıp yatağa uzanmış.

Bir süre sonra gelmiş ve **3** kez

 yı vurmuş, çünkü biraz sağırmış.

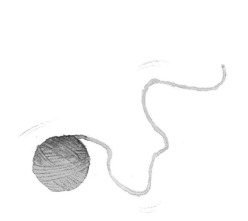
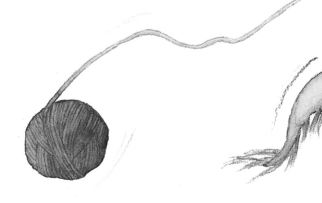

'Tak tak tak! Tak tak tak!'

"Kim o?" diye sormuş .

"Benim, , seni ziyarete

geldim," diye cevap vermiş .

"İçeri gel kızım,  açık," demiş . taki

hayvana yaklaşmış ve sormuş:

Neden kendini bu kadar çok  ile

örtüyorsun? Bak, m senin için yaptı.

 maşrapasını çıkarırken de eklemiş:

" , ne kadar da büyük in var!

 lerinin arkasına saklanarak cevap

vermiş:

"Seni daha iyi görebilmek

için,  .

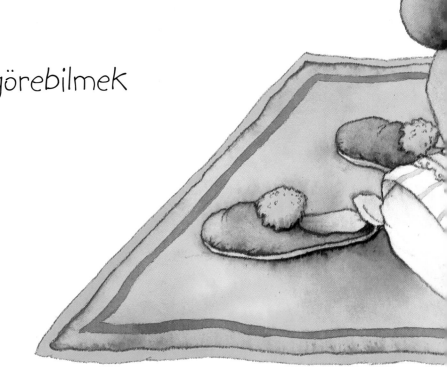

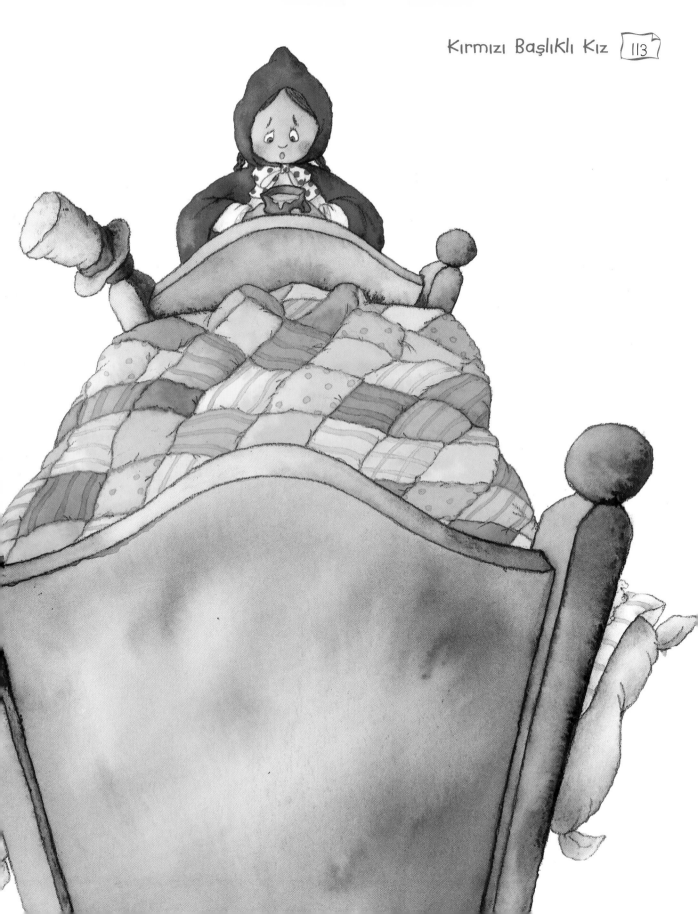

Çok şaşırmış olan konuşmaya devam etmiş:

"Biliyor musun? Balı bir da ile karıştırıp içmelisin. dedi ki,

 için çok sağlıklıymış."

"Baksana  ciğim, senin ne kadar da büyük ın var!

"Seni daha iyi duyabilmek için ," diye cevap vermiş  .

" ciğim!" demiş ,

"Bu lezzetli dan bir parça almak ister

misin? m dün yaptı. Önce e

gitti, ların yumurtladığı

 ları topladı, Sarıkız'dan

 sağdı, , , ,

ve den topladığımız  lardan

ekledi.  ciğim, çok güzel kokuyor, haydi

biraz al."

Bunları söyleyen ,  koklasın diye

 yı yaklaştırmış, bu sırada ona hayretle bakıp

sormuş: "Baksana  , bu ne kadar da koca bir

 böyle?

"Seni daha iyi koklayabilmek için," diye yanıtlamış

 . Uzun  ini çıkarmış ve daha sonra

muhteşem bir  yiyeceğini düşünerek

zevkle yalanmaya başlamış. Bunun üzerine ona

yaklaşmış olan  korkuyla sormuş:

" , bu ne kadar da büyük

bir  böyle?

"Seni daha iyi yiyebilmek için!" diye bağıran

 homurtular çıkararak, ın üstüne

atlamış. Oradan geçmekte olan hemen

koşup e girmişler.

 onların elindeki  i

görünce üstündeki ile  a kaçmış,

bir daha da asla dönmemiş.

Böylece  , saklandığı

tan çıkan si

ve la birlikte

güzel bir

ziyafet çekmiş.

Yedi Keçi Yavrusu

Küçük bir kasabanın birinde çok güzel bir

 de, ve  7 yavrusu

beraber yaşarmış.

"Hay Allah! Evde ve

kalmamış. Neyse ki bugün kasabada

 kuruluyor.

Kasabaya inip alış veriş yaparım," diye

düşünmüş . Yola çıkmadan önce

 ını yanına çağırmış. hemen

annelerinin ne istediğini öğrenmek için

koşmuşlar.

"Sevgili çocuklarım, ben alışveriş yapmaya

kasabaya gidiyorum.  e dönmem uzun

sürebilir. Sakın kimseye  yı açmayın. Bu

çevrede çok kötü kalpli bir

olduğunu duydum. Çok kurnaz ve çok tehlikeli,

o yüzden dikkatli olun," diye uyarmış

 ,  ını.

"Sen merak etme anne!" demiş en büyükleri.

"Ben kardeşlerime bakarım ve yı sadece sana açarım."

 bütün çocuklarına tek tek

verdikten ve hepsini tek tek ladıktan sonra

 sını takıp, sini ve

 ini alarak yola koyulmuş.  o kadar

çabuk den çıkmış ki yakmak için

 sakladıkları nin arkasında birinin

saklandığını fark etmemiş.

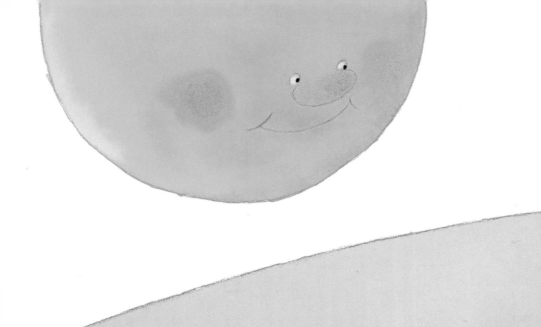

Mevsim yazmış. en tepedeymiş ve

kasabaya giden da bir tane bile

 yokmuş.  çok hızlı yürüyormuş.

"Ne kadar da sıcak! Bir gibi

 işten bile değil," demiş kendi kendine.

"En iyisi mi çıkarıp serinleyeyim de,

 , larını kapatmadan önce

 a yetişeyim.

Oysa, nin arkasında kim saklanıyormuş

dersiniz? Tabii ki, !

Evet, ! Ne korkunç, değil mi?

 , nin kasabaya giden da

uzaklaştığını görünce çok memnun olmuş,

 lerini ovuşturmuş ve kendine çekeceği

muhteşem in hayaliyle yalanmış.

 , e yaklaşmış ve yı çalmış.

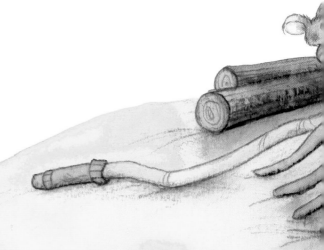

sesi duymuşlar ve bir şey unuttuğu için geri

dönen sanmışlar. Küçük dan

bir tanesi hemen yı açmak için koşmuş,

bunun üzerine büyük kardeş şöyle demiş:

"Açma! Önce kim olduğunu sor!"

"Kim o?" diye sormuş  .

"Benim, anneniz!" diye cevap vermiş

kötü kalpli  .

Fakat hemen bu gelenin

olmadığını anlamışlar ve cevap vermişler:

"Sen bizim annemiz değilsin. Sen sun.

Annemizin sesi incedir, seninki ise kalın, hem de

çok kalın," diye cevap vermiş dan en

küçüğü.

Bunun üzerine yakınlardaki bir

 evine gitmiş.

e girmiş ve tane içmiş.

"Tralalaa, tralalalaaaaaaaaa! Şimdi sesim ne kadar da ince olduuu!" diye şarkılar söylemiş ardı ardına sesini deneyerek.

"Bu sefer o bana inanacak," demiş güvenle.

Gerçekten de o kadar içtikten

sonra çok ince bir sese sahip olmuş.

Böylece yine ın ine gitmiş ve yavaşça

 yı çalmış: "Tak , tak, tak! Açın kapıyı

çocuklarım, ben  yim."

 lar bu ince sesi duyunca hemen

 yı açmak için koşmuşlar.

Fakat bu kez de ın en küçüğü kardeşlerini

uyarmış:

"Açmayın! Önce larına bakın!"

Sonra da, "Git buradan kötü !" diye

bağırmış. "Seni yalancı! Annemizin ları

 gibi beyaz ama seninkiler gibi kara.

yakınlardaki bir e gitmiş, bir

  almış ve larının üstüne

dökmüş. Sonra da bütün gücüyle koşarak  ın

 ine varmış, yı çalmış.

 , ı beyaz görünce hemen açmışlar.

Böylece eve girmiş ve üstlerine atlayıp

hepsini 'er, 'er yemiş.

Küçük olanı şanslıymış; son anda çabuk davranıp

hemen saat dolabının içine girecek zamanı bulmuş.

 dönmüş, en küçük yavrusu olan biteni

anlatınca bir öfkeyle evden çıkmış. O sırada

 bir nun yanında uyuyormuş.

Bir la hayvanın karnından ı bütün

çıkarmış. Hâlâ yaşıyorlarmış, çünkü

onları bütün olarak yutmuşmuş.

Daha sonra da karnını büyük  larla

doldurmuş ve le

dikmiş. uyanınca çok

susadığını fark etmiş. içmek için

ya eğilmiş ama midesindeki

ların ağırlığı yüzünden düşüp

boğulmuş.

Çirkin
Ördek

Bir bir  te bir

 ları üstünde da yatarken çok sıkıldığır

düşünmüş, çünkü görünüşe göre sanki

doğmayı istemiyorlarmış :

"Ne zaman larını kıracaklar?" diye sorup

duruyormuş.

Bir gün birdenbire çatlamaya başlamışlar:

1, 2, 3, 4, 5 ve "Vak! Vak!" diye

durmadan bağıran çok güzel  çıkmış ve

ortalıkta dolaşmaya başlamışlar.

tam kalkacakmış ki  lar arasında

 lardan birinin sağlam kaldığını görmüş ve

 da yatmaya devam etmiş.

Oradan geçmekte olan yaşlı bir  :

"Çok güzel  bunlar. Ama bu,

 lerin  larına benziyor.

Senin yerinde olsam ilgilenmezdim artık,"

demiş.

"Bunu düşünme bile. Ne kadar gerekiyorsa o kadar bekleyeceğim!" diye cevap vermiş gururla.

Ertesi gün kırılmış, , zayıf ve hantal bir çıkmış ortaya.

"Ooo, ne kadar da çirkin! Bir olmasın bu sakın?" diye düşünmüş endişe içinde.

"Şimdi öğreniriz! Hadi bakalım! Gidiyoruz, beni takip edin!

Hep beraber kıyısına gidip ya

atlamışlar.

Önce ,ardından da in **6** sı da

birer birer suya girmişler.

Hepsi yüzüyormuş. durumdan çok

memnunmuş: "Hepsi benim çocuklarım!"

O akşam bütün ,  te bir araya gelip

büyük bir toplantı yapmışlar.

 onu savunuyormuş:

"Belki   arasında en güzeli

değil, ama çok güzel yüzüyor."

Zavallı  !

Bir gün alaylardan çok

bunalmış ve  in

altından geçip  ten

kaçmış, çok uzaklara

gitmiş.

Uçarak bir 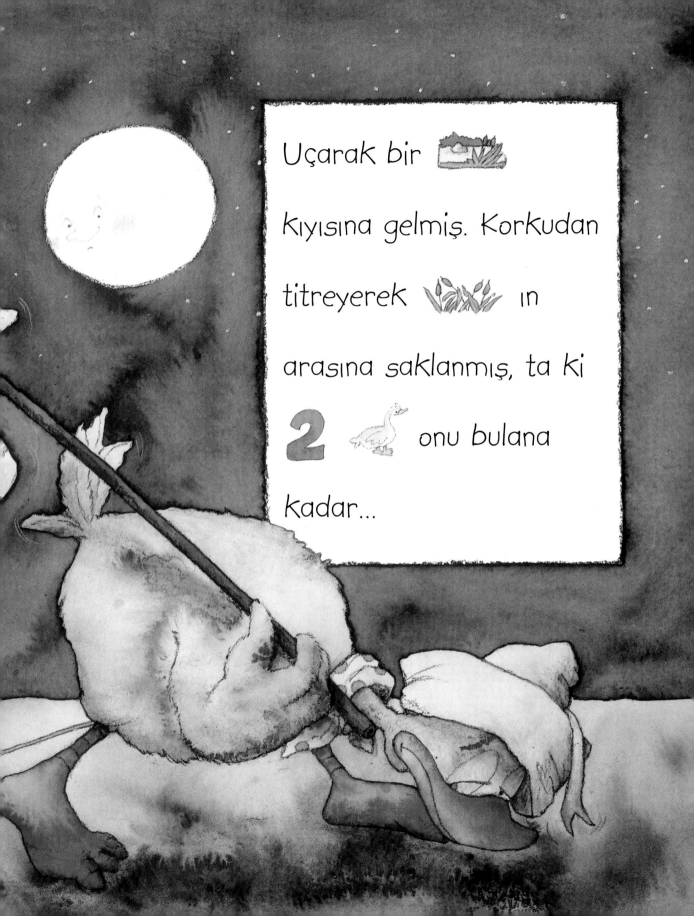 kıyısına gelmiş. Korkudan titreyerek 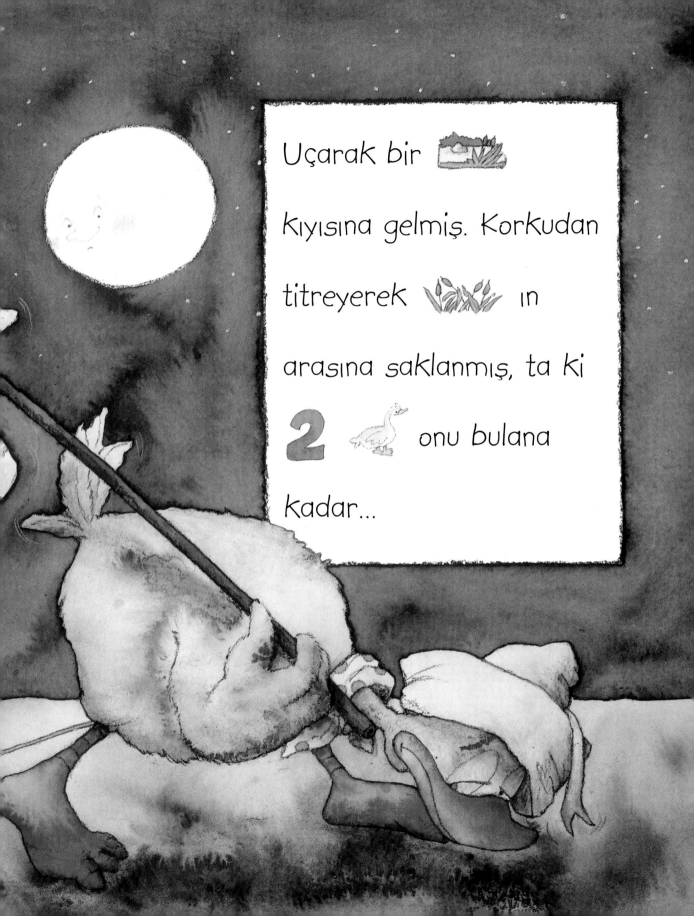 ın arasına saklanmış, ta ki 2 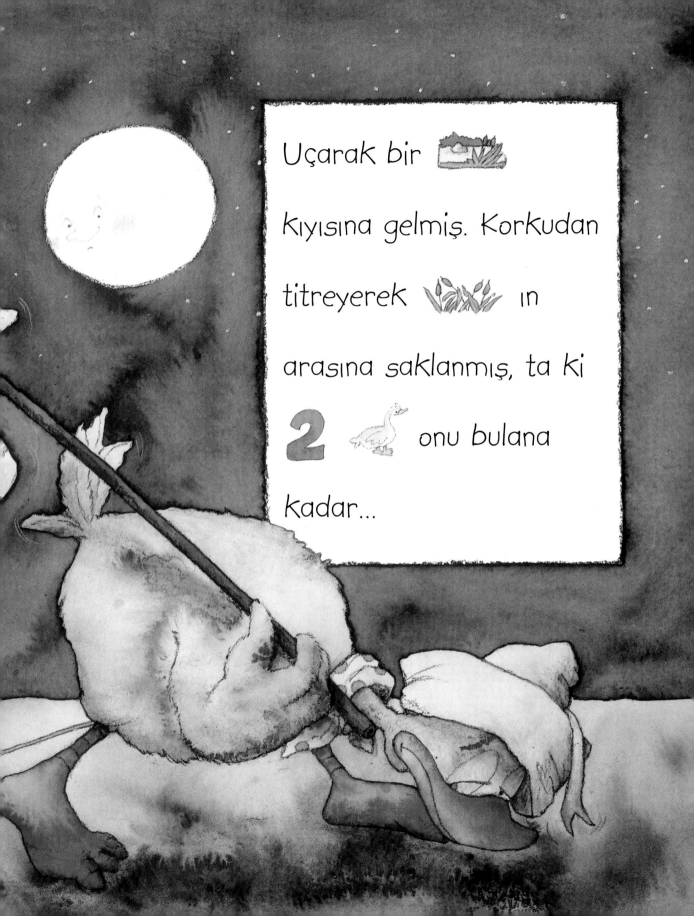 onu bulana kadar...

Onunla konuşurlarken gelmiş ve onları

vurmuşlar. yalnız kalmış. Av köpekleri

onu görmesin diye oluncaya kadar

saklanmış ve yürüyerek bir e varmış. Yarı

kör bir , yavrusunu, ona

verecek bir sanmış ve onu e almış.

 ile beraber bir ve birçok

 veren bir yaşamaktaymış.

3 hafta sonunda gitmeye karar vermiş

çünkü hiç  yapamadığı için herkes onunla

alay ediyormuş.

gelmiş ve kendine kalacak hiçbir

yuva bulamamış. Bir onu bulup e

götürdüğünde neredeyse soğuktan donuyormuş.

 çok tatlı bir insanmış ve ona çok iyi

davranıyormuş. Fakat biri , 2

sahibiymiş ve bunlar e rahat vermiyorlarmış.

Bir gün onu o kadar korkutmuşlar ki, ü,

 u ve başka bir sürü şeyi devirivermiş. Bunun

üzerine ile karısı onu den atmış.

Böylece gene yalnız kalmış. Aç ve üşümüş

bir halde kendini yollara vurmuş.

geldiğinde zayıf ve üzgünmüş fakat

 ışınları ona güç vermiş ve uçmaya başlayarak

muhteşem güzellikte bir ye varmış.

 sevinçle bağırmış:

"Bu bir rüya olmalı!"

Burada , rengârenk

 ler varmış:

 , ,  .

  kıyısına yaklaşmış ve

yüzen birkaç görmüş.

Onlara katılmış , başını eğerek onu

gagalamalarını beklemiş ve o sırada

 da kendi yansımasını görmüş.

Meğerse o değilmiş!

O harikulade bir  ymuş!

Öteki  lar onu görür görmez, ona doğru

yüzmüşler.

Hayvanlara atan onu görünce

heyecanla bağırmaya başlamış:

"Burada yeni bir

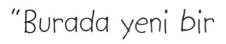 var ve çok güzel."

Sonunda,  daha doğrusu

muhteşem  çok

mutluymuş.

Çizmeli Kedi

Bir zamanlar yaşlı bir varmış, ölünce nesi

varsa ına bırakmış.

 , i almış, a 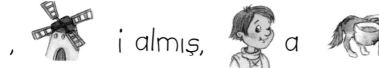 kalmış,

 a ise kala kala bir kalmış.

"Ne kadar da şanssızım!" demiş .

"Bir ile ne yapabilirim ki?"

"Düşündüğünden de fazlasını!" diye cevap

vermiş .

şaşkın bir halde ini ovuşturmuş, bu bir hayal olmalıymış!

"Çok akıllı bir olduğunu biliyordum, ama konuşabildiğinden haberim yoktu!" demiş şaşkınlık içinde.

"Ha, ha, ha, sevgili sahibim, şaşkınlıktan ün çok komik oldu. Sen bana bir çift ve bir al, göreceksin neler yapacağım!" demiş akıllı .

henüz şaşkınlığını üstünden atamadan

gidip bir çift  ve

almış.

hemen leri giymiş, ı almış

ve arasında bir ın tuzağa

düşmesini beklemeye başlamış.

Daha sonra ın gösterişli ına giderek

ona ı götürmüş ve şöyle söylemiş:

"Majesteleri, size bu ı vermek üzere, beni

sahibim Karabas Markisi gönderdi."

"Ah! Ne kadar da güzel! Karabas Markisi'ne bu

inceliklerinden dolayı teşekkürlerimi iletin!"

demiş  .

Başka bir gün 🐱 , 🏰 a

3 🐦🐦 ile gelmiş.

"Majesteleri, sahibim Karabas

Markisi size bu ı

gönderdi.

ağzının tadına pek düşkünmüş, adını

kimsenin duymadığı bu esrarengiz markinin

gönderdiği lar onu çok mutlu etmiş.

 o akşam,  ve güzel in

 kıyısında dolaşmaya çıkacağını öğrenmiş ve

hemen sahibine, soyunup ya girmesini

söylemiş.

 yola çıkıp  a ait olan nın

yaklaştığını görünce bağırmaya başlamış:

"İmdaat! İmdaaat!"

, ya emredip  ı durdurmuş.

"Size ne oldu?" diye sormuş.

 li  , sahibi Karabas Markisi

 de yıkanırken ın gelip

 lerini çaldığını söylemiş. hemen

 de tek başına ve halde bekleyen

genç marki için çok zarif bir

getirilmesini emretmiş.

O kadar yakışıklı ve zarif olmuş ki, onu

görür görmez âşık olmuş.

 bunu hemen anlamış çünkü kızını çok iyi

tanıyormuş, genç markiyi a yemeğe davet

etmiş ve **3** 'ü hep beraber

 ile yola

koyulmuşlar.

Bu arada, li  hızla in

 suna doğru gitmekteymiş.

Geçerken yolda gördüğü bütün e,

  ile geçerken bu ın

kime ait olduğunu sorarsa, Karabas Markisi'ne ait

olduğunu söylemelerini istemiş.

Aynısını in verimli topraklarında

 toplayan lere de söylemiş.

 ya gelince  e kibarca i

görmek istediğini söylemiş.

ona ın akşam yemeğini

hazırladıkları büyük da olduğunu

söylemişler.

"İyi akşamlar yüce !

 nuza gelme cesaretini gösterdim, çünkü

etrafta anlatılan hünerlerinizi yakından görüp emin

olmak istedim," demiş li .

 çok meraklanıp sormuş:

"Benim hangi hünerlerimden bahsediyorlar?"

li cevap vermiş:

"Bir veya bir gibi çok büyük

hayvanların kılığına girebildiğinizi söylediler.

"Bu tabii ki doğru!" demiş .

"Bak şimdi bir a dönüşeceğim."

Ve bunu söyleyerek kocaman bir a

dönüşmüş.

 korkudan titremeye başlamış ve demiş ki:

"A! Evet!... Evet!.... Tabii.... Görüyorum yüce  ... ama... bir kadar küçük olabilir misiniz örneğin?"

 hemen küçücük bir ye

dönüşmüş ve o saniyede üstüne

atlayıp onu yemiş.

Daha sonra a giderek ve

 e, 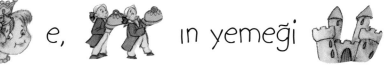 ın yemeği da

hazırladıklarını haber vermiş.

hemen ya doğru yola koyulmuş.

Yolda lere bu lerin sahibinin kim

olduğunu sormuş ve onlar da buraların sahibinin

Karabas Markisi

olduğunu söylemişler.

ya gelince, çok lüks ı ve i

görünce şaşırmış ve bu genç marki i

isteyince hemen kabul etmiş.

Bir  yapmışlar.

Büyük bir neşe içinde

evlenmişler.

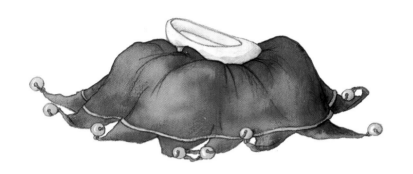

Külkedisi

Uzak bir ülkede çok güzel bir kız olan ,

çok çirkin ve kötü kalpli ve iki

 i ile beraber yaşarmış.

 , in bütün işlerini tek başına

yaparmış.  hazırlar, ları yıkar,

 leri siler süpürür, i

yıkarmış. Ama yine de mutluymuş.

Bir gün ın bir si yaşadıkları

 e gelmiş. Onlara bir davetiye okumuş:

"Majesteleri bu içindeki bütün

evlenme çağına gelmiş ı önümüzdeki ayın

on dördünde, pek yakında **25** yaşına basacak

olan oğlu şerefine

 da vereceği ya davet

ediyor."

"Harika!" diye bağırmış  sevinçle.

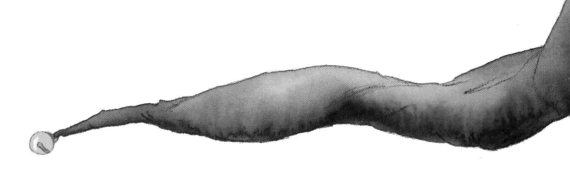

"Eminim ki bana âşık olacak! O kadar

güzelim ki!" demiş .

"Ha, ha, haay! Lafını bile etme! Sendeki bu

kocaman ile mi?! Esas âşık olacağı biri varsa,

o da benim!" demiş .

"Buna gerçekten inanıyor olamazsın! Bu koca

 ile mi?" diye cevap vermiş öfkeyle.

"Kızlar! Kızlar! Sakin olun!" demiş .

 larınıza çeki düzen verin ve da

düzenlenecek olan için

seçmeye ye gidelim.

" ! Neredesin?" diye bağırmış

bir ağızdan. "Çabuk ol, ımızı düzelt!"

Onlar gidince , sındaki eski bir

 ta duran ve sinden kalan çok güzel bir

 çıkarmış. Onu bu davete uygun hale

getirebileceğini düşünüyormuş.

 inin atmış olduğu ⚬⚬⚬⚬⚬ ve

 i sine dikerek süslemiş.

Sonuç mükemmel olmuş!

Sonunda günü

gelip çatmış!

 deli gibiymişler. Durmadan 'ni

çağırıp  ya da ı için yardım

isteyip duruyorlarmış. bir ara kendi

 sini giymek için sına geçmiş.

Fakat  onu görünce kıskançlık içinde

üstüne atlamışlar ve  üstündeki bütün

 ları ve i söküp yere atmışlar.

Böylece,  ya gidememiş.

 ve neşe içinde çıkmışlar,

 ise ağlayarak evde kalmış.

Birden bir ses duymuş:

"Ağlama ! Ağlama küçüğüm!"

"Nasıl ağlamayayım? i tanımayı çok

istiyordum! Ama şimdi hiç  m yok. Ama...

Ben kiminle konuşuyorum?"

"Ben senin nim, sana yardım etmeye geldim.

Şimdi ağlamayı bırak ve bana hemen büyük bir

 , bir  , birkaç küçük

 ve kertenkele getir.

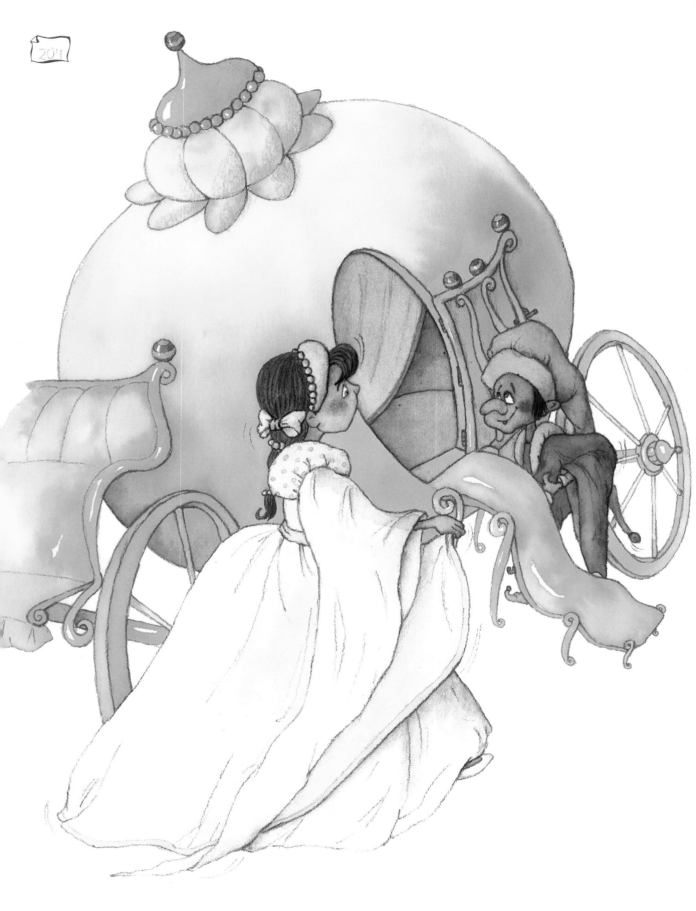

sözünü dinlemiş. ini açıp kapayıncaya

kadar onlardan muhteşem bir  ,

zarif , bir ve kibar bir

yapmış.

"Şimdi de hemen giyin!" demiş .

"Ama bu ve bu le baloya

gidemem ki!" diye yanıtlamış .

Bunun üzerine  elindeki ile

 'nin  una dokunuvermiş ve genç kız

muhteşem bir  ve yepyeni cam lar

içinde ışıl ışıl bir güzelliğe kavuşmuş.

ona, saat  'den önce dönmesi gerektiğin

hatırlatmış, çünkü o saatte her şey eski haline

dönecekmiş.

Genç Kız ya binmiş ve yola koyulmuş.

  ya gelince bütün gece

onunla dans etmiş. Fakat birden bire saat 'yi

vurmaya başlamış. 'nin aklına nin

dedikleri gelmiş ve  e veda bile etmeden

koşarak dan çıkmış. O da hemen

arkasından koşmuş ama sadece sının tekini

de bulmuş.

Ertesi gün bir  göndererek

oğlu in, cam nın sahibi ile evleneceğini

duyurmuş.

Prensesler ve düşesler yı denemiş, ama faydasız, olmamış.

 'nin yaşadığı  e de gelmişler.

 yı denemek için birbirlerine girmişler.

Ama ne çare ki,  ları çok büyükmüş,

sığmamış. "Ben de deneyebilir miyim?" diye

sormuş .

"Sen mii?" diye bağırmışlar koro halinde

 ve  . "Evet, evet!" diye

yanıtlamış ın si. Ve herkesin şaşkın

bakışları altında o minik , camdan

 ya girivermiş.

"Çok iyi oturdu!" diye açıklamış ın

 si. Tam o sırada belirmiş ve

 ile 'ne dokununca,  leri

yine o muhteşem görüntüsüne bürünmüş.

 ve  gördükleri karşısında

neredeyse şaşkınlıktan öleceklermiş.

 çok iyi kalpli olduğu için onları affetmiş ve

beraberinde a götürmüş. Birkaç gün sonra

 ile evlenmişler. Birlikte çok mutlu

bir yaşam sürmüşler.

Üç
Küçük
Domuz

Bir gün 3 tane , yı gezmeye karar vermişler.

 a veda edip ona bir sürü  vermişler, Sonra da 3 'ü birden yola koyulmuşlar.

Bir süre sonra küçük

her gün değişik ler görmekten,

 da uyumaktan ve in altında

yürümekten yorulmuşlar. Kendilerine birer

 yapmaya karar vermişler. çok

tembelmiş ve üzerinde uzanmış yatarken

 ile  taşıyan bir

görmüş.

Ona demiş ki:

"İyi günler! Kendime bir yapmam için bana

 satar mısınız?"

"Peki ama, yağarsa ne yapacaksın?" diye

sormuş . Yine de, anlaşmaya varmışlar ve

, **4** saat sonra kendine yeni bir

yapmış bile. Sonra da bir altında uykuya

dalmış.

ise her zaman  düşünürmüş ve

kendine  bir yapmaya karar

vermiş.

 a gitmiş ve bir dan

 satın almış. **2** gün içinde

 ini yapmış.

Ve bunu kutlamak için , iki tane

Kocaman almış  ile

doldurmuş. Bu kadar çok  yedikten

sonra da bütün günü la geçirmiş tabii.

 ise çok çalışkanmış. Kendine ve kullanarak bir yapmaya karar vermiş.

Bitirmek için neredeyse **30** gün çalışmış. 🐷 ve 🐷, ☀️ altında uzanmış alay ederek onu seyrediyorlarmış.

ini yapmayı bitirince, çok iyi bir taşıyan

 , onlara kızmak yerine, ve

için bir de yemek hazırlayıp, davet etmiş.

Şarkılar söyleyip dans ederek kutlama yapmışlar.

leri açık olduğu için birkaç nün

oralarda dolaşan bir tan söz ettiklerini

duymuşlar. Bunu duyunca 3 küçük

birbirlerinin ine bakmışlar ve

şöyle demiş:

"Hıh! Boş verin! Dedikodu. Biz eğlenmemize devam

edelim."

"Ya söyledikleri doğruysa?" demiş .

"Dikkatli olmalıyız," diye eklemiş .

O gece **3** küçük ,

 larına yatmadan önce lerinin

 sını sıkıca, hatta ile kilitlemişler.

Ertesi sabah oradan geçmekte olan

mutlulukla yalanmış: "Burnuma kokusu

geliyor!"

Ve kokuyu izleyerek un  ine gelmiş.

 , yı çalmış: "Tak, tak, tak!"

"Kim o?" diye sormuş , nden bakarak.

"Benim, ! Seni ziyarete geldim."

"Sana kapıyı açamam," demiş  .

, derin bir nefes almış ve bütün gücüyle

üfleyerek  dan i yıkmış.

 hemen  un yanında soluğu almış.

"Güm, güm güm!" diye yı vurmuş.

" , çabuk aç! peşimde!" diye

bağırmış .

"Çabuk içeri gel! Ama sen dün bunların dedikodu

olduğunu söylemiyor muydun?" demiş ona .

kardeşi ile konuşurken   e

gelmiş. den içeri bakarak kendi kendine

söylenmiş: "Görünüşe göre burada tane

 var. Çok iyi! Kendime büyük bir

çekeceğim! Açın yı! O kadar açım ki bir

 i bile olduğu gibi yutabilirim!"

 lar kapıyı açmayınca derin bir

nefes almış ve üflemiş.

sallanmaya başlamış.

 koşarak bir  ye saklanmışlar.  Kocaman  ini hava ile doldurup  gibi üflemiş.

in bütün ları uçarak etrafa

yayılmış. ve koşarak kardeşlerinin

ine vardıklarında sakince

oturmaktaymış. kardeşlerinin anlattıklarını

dinlemiş. Biraz sonra görünmüş.

1 değil, **2** değil, tam **3** tane

olduğunu görünce çok

mutlu olmuş!

Üflemiş, üflemiş ama  dan yapılan

 yıkılmamış. Bunun üzerine dan içeri

girmeye karar vermiş. Fakat çok akıllıymış.

Şömineye kaynamak üzere büyük bir

koymuş ve   sunu yakmış. Koşarak

kaçmış ve bir daha da onu gören olmamış.

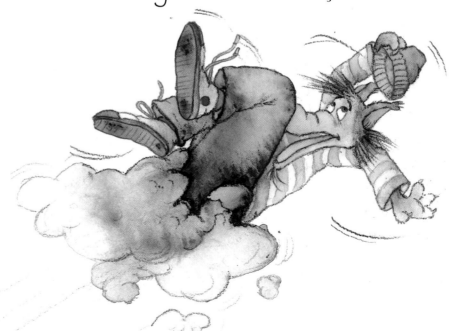

Sözlük

Pamuk Prenses

gün

kraliçe

saray

pencere

iğne

parmak

kan

kar

yanaklar

kırmızı

saçlar

gece

kara

kız çocuğu

Pamuk Prenses

kral

kadın

ayna

ülke

elbise

saç

sarı

uşak

orman

ceylan

ciğer

yürek

ev

kapı

yedi

iskemle

kaşık

tabak

bardak

masa

elmas

maden

cüce

yaşlı kadın

yüz

kurdele

kolye

boğaz

yer

kıyafet

tarak

sepet

baş

gözler

elma

kutu

çiçek

prens

düğün

Orman Çocuğu

vahşi orman

panter

otlar

Bagheera

antilop

yaban domuzu

koklamak

bebek

kahkaha

ten

beyaz

kurtlar

iki

mağara

uyumak

yemek

oynamak

aile

baba kurt

anne kurt

yavru kurtlar

kurbağa

burun

bir

üç

dört

beş

altı

yedi

sekiz

dokuz

on

insan

kaplan

yılan

çocuk

halkalar

filler

fil

ayak

dişler

Balu

boks

dans

dere

ağaç

dal

maymunlar

tapınak

hindistancevizi

maske

muz

yaprak

etek

köy

ateş

bıyık

kız

Sihirli Fasulye Ağacı

çocuk

anne

para

inek

Jak

pazar

yol

fasulyeler

kese

adam

ağaç

baba

şato

dev

kapı

ses

et

yemek

maşrapa

şarap

altın

paralar

fasulye

fırın

kuzular

altın yumurta

tavuk

yumurta

ceket

cep

çeşme

harp

el

notalar

balta

deniz

Bambi

baba geyik

anne geyik

Bambi

kuşlar

sincaplar

ayı

tilkiler

fare

tavşan

mantar

reçel

ahududu

orman meyveleri

sonbahar

tepeler

döşek

cevizler

kovuk

kartopu

heykel

su

kaymak

buz

kızak

spagetti

şehriye

avcılar

tüfekler

kurşunlar

boynuzlar

geyik

dişi geyik

hayvanlar

duman

Kırmızı Başlıklı Kız

nine

pelerin

anne

pasta

bal

Kırmızı Başlıklı Kız

tavşanlar

kurt

yatak

dolap

gecelik

başlık

gözlük

örtü

fincan

süt

doktor

dişler

kulaklar

kümes

un

yağ

şeker

maya

bahçe

dil

ağız

Yedi Keçi Yavrusu

anne keçi

yağ

tahıl

yavrular

öpücük

kucak

şapka

yelpaze

odun

kulübe

güneş

dondurma

erimek

pazarcılar

tezgâh

ziyafet

çiftlik

yirmi

kömür

değirmen

çuval

kuyu

makas

taş

iplik

Çirkin Ördek

ördek

kuluçka

yavru ördekler

saman

hindi

anne ördek

yumurta kabuğu

kahverengi

çirkin ördek

hindi

göl

çiftlik hayvanları

kuşlar

domuzlar

köpek

çit

ırmak

sazlar

kaz

ev

kedi

kış

çiftçi

ilkbahar

vadi

pembe

mavi

kuğu

ekmek

çocuklar

Çizmeli Kedi

değirmenci

oğullar

büyük oğul

ortanca oğul

küçük oğul

eşek

delikanlı

çizme

tavşan

armağan

keklik

prenses

araba

arabacı

atlar

soyguncular

giysi

çıplak

kıyafet

köylüler

topraklar

meyve

askerler

uşaklar

salon

aslan

arazi

mobilyalar

avizeler

Külkedisi

Külkedisi

üvey anne

üvey kızkardeşler

genç kızlar

haberci

yirmi beş

balo

büyük üvey kardeş

küçük üvey kardeş

popo

terzi

oda

sandık

öz anne

boncuk

kurdeleler

peri anne

balkabağı

sıçan

araba

terlik

sihirli değnek

omuz

ayakkabı

on iki

merdiven

ayak

Üç Küçük Domuz

domuz

dünya

anne domuz

köy

küçük domuz

el arabası

ortanca domuz

yağmur

tahta

odun

kestane

palamut

büyük domuz

tuğla

çimento

otuz

anahtar

anahtar deliği

köşe

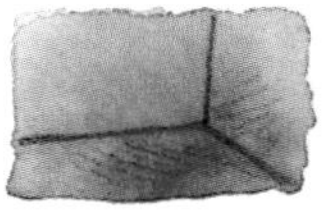

ciğerler

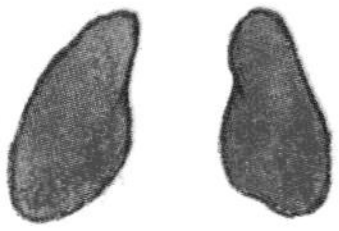

fırtına

baca

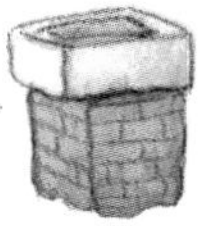

kazan

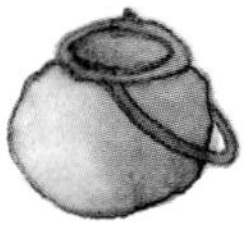